Colette GUIRAUD

Communication et Organisation

Baccalauréat Professionnel Secrétariat

Première professionnelle

CONTRÔLES

CORRIGÉ

Éditions BERTRAND-LACOSTE
36 rue Saint-Germain-l'Auxerrois – 75001 PARIS

Sommaire

ISBN 978-2-7352-**1790**-8

CONTRÔLE 1

Winner Sports

Winner Sports Z.I. St-Médard-des-Prés 85200 FONTENAY-LE-COMTE	ACTIVITÉ : Ventes et productions d'articles de sports DIRECTION GÉNÉRALE : Michel LECLERQ (PDG) DIRECTION DU MAGASIN : Christophe GARRUSTE DIRECTEUR FRANCE : Olivier KAUFMAN DIRECTEUR RÉGIONAL : Patrice VILLIERS DIRECTEUR DES VENTES : Lionel CHAMPEY
Horaires d'ouverture : Du lundi au vendredi de 9 h 30 à 19 h 30 Le samedi de 9 h 30 à 20 h 00	RAISON SOCIALE : Winner Sports SA au capital social de 8 500 000 €

• DOSSIER A

TRAVAIL À FAIRE

Vous devez réaliser sur l'annexe R1, l'organigramme de structure normalisé d'après l'annexe A1, sans oublier de préciser le ou la stagiaire (vous n'indiquerez pas son nom).

• DOSSIER B

TRAVAIL À FAIRE

Vous devez comparer sur l'annexe R2, les renseignements suivants : la désignation, les marques différentes, l'utilisation, la conception, le système de réglage de l'intensité, le système de résistance, le poids, l'utilisateur, le compteur, le temps de montage, la dimension, la garantie, le prix.

• DOSSIER C

TRAVAIL À FAIRE

Vous rédigez un courrier sur l'annexe R3.

Annexe **R1**

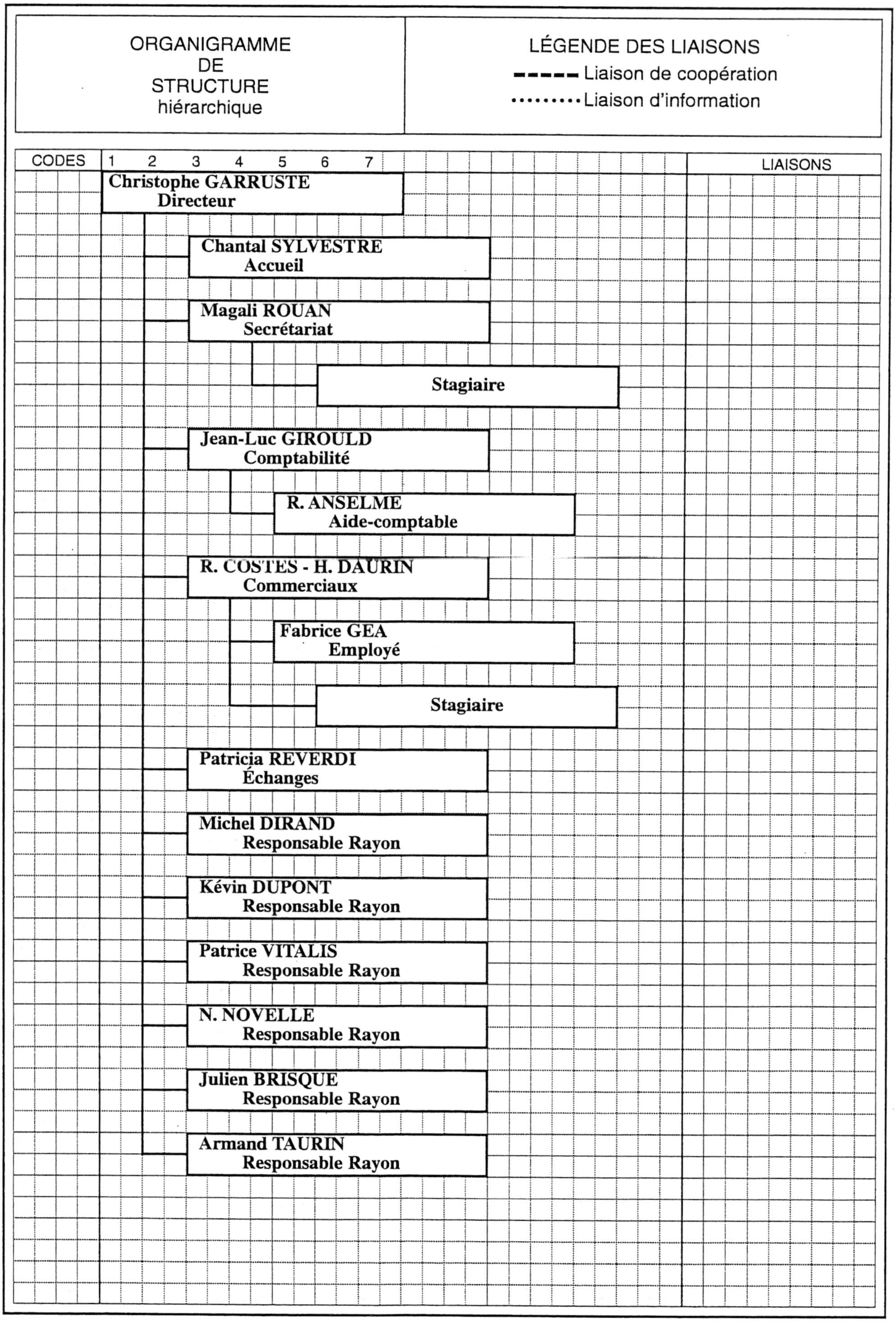
ORGANIGRAMME DE STRUCTURE hiérarchique
LÉGENDE DES LIAISONS
Liaison de coopération
Liaison d'information
CODES
1 2 3 4 5 6 7
LIAISONS
Christophe GARRUSTE
Directeur
Chantal SYLVESTRE
Accueil
Magali ROUAN
Secrétariat
Stagiaire
Jean-Luc GIROULD
Comptabilité
R. ANSELME
Aide-comptable
R. COSTES - H. DAURIN
Commerciaux
Fabrice GEA
Employé
Stagiaire
Patricia REVERDI
Échanges
Michel DIRAND
Responsable Rayon
Kévin DUPONT
Responsable Rayon
Patrice VITALIS
Responsable Rayon
N. NOVELLE
Responsable Rayon
Julien BRISQUE
Responsable Rayon
Armand TAURIN
Responsable Rayon

RENVOIS	ENTREPRISE WINNER SPORTS			
	Date de mise à jour **10.10.N**	N° de MAJ	N° feuillet **1**	Nbre feuillets **1**

RENSEIGNEMENTS COMPLÉMENTAIRES	Réf. budg.	Effectifs cumulés 1	2	3	4	5	6	7	Total
DIRECTION GÉNÉRALE		1							1
ACCUEIL				1					1
SECRÉTARIAT				1			1		2
COMPTABILITÉ				1		1			2
COMMERCIAL				2		1	1		4
ÉCHANGES				1					1
RESPONSABLES RAYON				6					6
EFFECTIF TOTAL		1		12		2	2		17

ANNEXE R1
ORGANIGRAMME DE STRUCTURE .... /20

Il s'agit d'un barème soustractif. Ce travail doit être rendu impeccable.

PRÉSENTATION

➲ ***dans la partie droite, indiquer*** .... – 1
- le titre : Winner Sports
- la date de mise à jour
- le n° de feuillet

➲ ***dans la partie gauche :***
- les cartouches doivent avoir la même dimension .... – 1 pour l'ensemble
- les cartouches doivent être tracés à la règle.. – 1 pour l'ensemble
- le nom doit être mentionné dans chaque cartouche... – 1 pour l'ensemble
- il doit être inscrit de façon homogène (majuscule ou minuscule) .... – 1 pour l'ensemble
- la fonction ou le nom du service doit être précisé(e) .... – 1 pour l'ensemble
- les traits indiquant les relations (employés, chefs, directeur) doivent être tracés à la règle .... – 1 pour l'ensemble

NB : les liaisons restent facultatives. L'élève ne sera pas pénalisé vu qu'aucun élément dans le sujet ne prévoit de les tracer.

RESPECT DES CONSIGNES

➲ ***dans la partie gauche :***

➥ tous les chefs de service et les responsables : niveau 3 .... – 2 pour l'ensemble
- M. Costes et Mme Daurin sont regroupés .... – 2
- les employés se trouvent au niveau 5 .... – 1 par erreur
- les stagiaires se trouvent au niveau 6.. – 1 par erreur
- pas de nom pour les stagiaires .... – 1 par erreur
- ne pas accepter Claire Leclerc à l'accueil (elle remplacera Chantal Sylvestre à partir du 1er décembre ; or, nous sommes le 10 octobre - la date figure dans le dossier C -).. – 2
- pour toute autre consigne non effectuée .... – 2 par consigne

➲ ***dans la partie droite :***
- dans la colonne « renvois », le nom des services doit être précisé..................... – 1 pour l'ensemble
- les effectifs par échelon doivent être mentionnés
  - * horizontalement .... – 1 pour l'ensemble
  - * verticalement .... – 1 pour l'ensemble
- le total général du personnel de l'entreprise.. – 1

NE PAS ACCEPTER LES RATURES NI LE « BLANC » .... **retirer jusqu'à – 3**

ANNEXE R2
TABLEAU DE COMPARAISON DES VÉLOS .... /20

Aucun inconvénient pour réaliser ce travail (l'élève doit seulement consulter les documents afin de reporter dans chaque case appropriée, les renseignements corrects).

- têtes de colonnes centrées comportant le nom de chaque article .... – 2 pour l'ensemble si fautes
- liste des critères .... – 2 pour l'ensemble
- renseignement(s) erroné(s) – 2 par renseignement erroné (ne pas accepter d'erreur car l'élève dispose de tous les renseignements sur les documents)

PRÉSENTATION DU TABLEAU

- titre (doit comporter « comparaison ») .... – 3
- harmonie du texte à l'intérieur du tableau .... – 2 pour l'ensemble

Enlever jusqu'à – 2 pour une mauvaise présentation.

Annexe **R2**

TITRE : TABLEAU DE COMPARAISON DES VÉLOS DE MISE EN FORME

CRITÈRES	TRADING	RECORD	FC 300	FC 100
Désignation	VÉLO ELLIPTIQUE	VÉLO ELLIPTIQUE	VÉLO DE MISE EN FORME	APPAREIL À CHARGE GUIDÉE
Marque	MASTER	STAR	WINNER SPORTS	WINNER SPORTS
Utilisation	RÉGULIÈRE	RÉGULIÈRE	RÉGULIÈRE	PRESSE POUR UTILISATION INTENSIVE
Conception	GRAND CONFORT DE PÉDALAGE	SILENCIEUX	ÉLECTRONIQUE PROGRAMMABLE	PRATIQUE ET SÉCURISANTE
Réglage de l'intensité	MOLETTE AU GUIDON	MOLETTE INDEXÉE DE 1 À 8	SERVOMOTEUR MANUEL/AUTO	
Résistance	MAGNÉTIQUE	MAGNÉTIQUE	MAGNÉTIQUE	
Poids	25 kg	30 kg	40 kg	150 kg (avec charge)
Utilisateur	100 kg – 1,95 m maxi	100 kg – 1,90 m maxi	120 kg maxi	120 kg maxi
Compteur	ÉLECTRONIQUE 1 ÉCRAN	ÉLECTRONIQUE 5 ÉCRANS	ORDINATEUR PRÉPROGRAMMÉ	
Montage	30 minutes	45 minutes	30 minutes	4 heures
Dimension	L. 96 x l. 72 x h. 87	L. 123 x l. 55 x h. (65) 145	L. 108 x l. 62 x h. 110	L. 150 x l. 90 x h. 200
Garantie	5 ANS	5 ANS	5 ANS	5 ANS
Prix	153,00 €	441,00 €	442,00 €	442,00 €

VOTRE CHOIX : Je choisis la catégorie « Vélo de mise en forme » FC 300 qui présente une certaine fiabilité grâce à son électronique programmable. Il est peu encombrant et stable.

Winner Sports

ZI St-Médard-des-Prés
85200 Fontenay-le-Comte
Tél. : 02 41 51 08 71
Fax : 02 41 52 09 72

Annexe ***R3***

LocaOuest
M. Martin PALUSTRE

2 Promenade Georges Clemenceau

85100 Les Sables d'Olonne

Nos réf. :
WS
Objet :
V/Demande du 08/10/N

Fontenay-le-Comte,
Le 10 octobre N

PJ :
1 documentation complète

Monsieur,

Nous avons bien reçu votre courrier du 08 courant et nous vous en remercions.

La documentation ci-jointe vous fournira tous les renseignements que vous souhaitez sur les tables de ping-pong. La brochure vous indiquera les modalités de paiement que nous pouvons consentir à nos clients.

Si cet article est disponible, vous serez livré sous 24 heures, s'il n'est pas actuellement en stock, nous ferons tout notre possible pour vous satisfaire dans les meilleurs délais.

Nous pensons avoir répondu à votre attente et restons à votre disposition pour tous renseignements complémentaires.

Veuillez croire, Monsieur, à l'expression de nos sentiments dévoués.

Le Gérant

Christophe Garruste

M. GARRUSTE

ANNEXE R3
RÉDACTION D'UN MESSAGE PROFESSIONNEL................................ /20

PRÉSENTATION /05

– en-tête (nom et coordonnées complètes du récepteur, ville de départ et date, objet, PJ) .... – 2 si une mention est incorrecte ou absente
– qualité et nom du signataire du courrier................ – 2 pour les deux mentions
– si la lettre est signée... – 2

FOND /10

2 points par idée :

AR du courrier du 8/10.
Informer de l'envoi de la documentation.
Préciser l'envoi de la brochure concernant le paiement.
Mentionner que l'on se tient à la disposition du client.
Formule de politesse : « sentiments dévoués » « sentiments les meilleurs ».

Si « salutations distinguées », retirer 2 points.

– 1 par faute de style ou de syntaxe.

– 0,5 par faute d'orthographe, sans limite (<u>une secrétaire ne doit pas commettre de fautes</u>).

CONTRÔLE 2

HYPER'PAP

HYPER'PAP

ZAC Labège
31000 TOULOUSE

ACTIVITÉ :
Ventes de matériel de bureau aux particuliers.

DIRECTION DU MAGASIN DE LABÈGE :
Christian FRONDE.

RAISON SOCIALE :
HYPER'PAP – SARL au capital social de 15 000 €.

• DOSSIER A

TRAVAIL À FAIRE

Prenez connaissance du message de M. Fronde sur l'annexe A1 et rédigez l'annonce à enregistrer sur l'annexe R1 avant de la lui soumettre.

• DOSSIER B

TRAVAIL À FAIRE

Complétez le tableau de comparaison des offres de l'annexe R2.
Concevez un tableau (annexe R3).

• DOSSIER C

TRAVAIL À FAIRE

Complétez les cases grisées du tableau de comparaison de l'annexe R4 avec les formules à utiliser pour réaliser les calculs.
Retrouvez la commande appropriée à la modification de présentation demandée (reliez-les par un trait fléché).

Annexe ***R1***

ANNONCE À ENREGISTRER SUR RÉPONDEUR TÉLÉPHONIQUE
Bonjour, Hyper'Pap vous informe de la fermeture de ses locaux du *samedi 3 au lundi 19 août* pour *congés annuels*. Les commandes urgentes seront encore honorées jusqu'au 3 août, à condition de *les passer rapidement*. Durant nos congés, vous êtes invité *à dicter vos coordonnées complètes* après le bip sonore, afin que nous puissions vous *contacter* dès notre retour. Merci de votre appel ; au revoir.

BARÈME /5

- Présentation : « bonjour », le nom de la société .... /1
- Prévoir :
  - – la date de début et de fin de congé .... /1
  - – indiquer le motif
  - – préciser que nous assurons les commandes urgentes jusqu'à notre départ .... /1
  - – indiquer que les clients pourront laisser des messages pendant notre absence
  - – signaler que nous les traiterons en priorité dès notre retour .... /1
- Prise de congé : « remercier » et « au revoir » .... /1

Annexe R2

TABLEAU DE COMPARAISON DES OFFRES

FOURNISSEUR	ARTICLE	CONDITION-NEMENT	UNITÉ DE VENTE	QTÉ À CDER	MONTANT BRUT UNITAIRE HT	% REMISE	MONTANT NET UNITAIRE HT	% ESCOMPTE	NET UNITAIRE HT	NET GLOBAL HT	TRANSPORT	DÉLAI DE LIVRAISON
L'ÉCRITOIRE	Papier Office	Ramette	Ramette	80	1,12	0,00	1,12	1,50	1,10	88,00	FRANCO	3 jours
	Papier Premium	Ramette	Ramette	15	1,13	0,00	1,13	1,50	1,11	16,65	FRANCO	3 jours
	Livre bloc cde	Unité	Bloc	25	8,95	0,00	8,95	1,50	8,82	220,50	FRANCO	3 jours
	Env. autocol.	Boîte	100	15	3,22	0,00	3,22	1,50	3,17	47,55	FRANCO	3 jours
PAPER COPY	Papier Office	Ramette	Ramette	80	1,02	10,00	0,92	0,00	0,92	73,60		48 heures
	Papier Office	Carton de 5	Carton	16	4,00	10,00	3,60	0,00	3,60	57,60		48 heures
	Papier Premium	Ramette	Ramette	15	1,09	10,00	0,98	0,00	0,98	14,70		48 heures
	Papier Premium	Carton de 5	Carton	3	4,50	10,00	4,05	0,00	4,05	12,15	8 €*	48 heures
	Livre bloc cde	Unité	Bloc	25	8,97	10,00	8,07	0,00	8,07	201,75		48 heures
	Env. autocol.	Boîte	200	8	4,42	10,00	3,98	0,00	3,98	31,84		48 heures
	Papier en-tête	Boîte	500	1	53,28	10,00	47,95	0,00	47,95	47,95		48 heures
VICKING DIRECT	Papier Office	Ramette	Ramette	80	1,14	5,00	1,08	2,00	1,06	84,80	FRANCO	8 jours
	Papier Office	Carton de 5	Carton	16	5,00	5,00	4,75	2,00	4,66	74,56	FRANCO	8 jours
	Papier Premium	Ramette	Ramette	15	1,10	5,00	1,05	2,00	1,03	15,45	FRANCO	8 jours
	Papier Premium	Carton de 5	Carton	3	4,80	0,00	4,80	2,00	4,70	14,10	FRANCO	8 jours
	Livre bloc cde	Unité	Bloc	25	8,96	5,00	8,51	2,00	8,34	208,50	FRANCO	8 jours
	Env. autocol.	Boîte	500	3	11,12	0,00	11,12	2,00	10,90	32,70	FRANCO	8 jours
	Papier en-tête	Boîte	500	1	54,84	0,00	54,84	2,00	53,74	53,74	FRANCO	8 jours

BARÈME /20

Annexe R3

Concevez un tableau qui permettra de rendre plus simple la comparaison entre les trois fournisseurs. (facultatif)

RÉCAPITULATIF
COMPARAISON DES OFFRES DES TROIS FOURNISSEURS

ARTICLES	L'ÉCRITOIRE	PAPER'COPY	VICKING DIRECT
Papier Office	88,00	57,60	74,56
Papier Premium	16,65	12,15	14,10
Enveloppes	47,55	31,84	32,70
Blocs commande	220,50	201,75	208,50
Papier à en-tête		47,95	53,74
Frais de port	0,00	8,00	0,00
TOTAL HT	372,70	359,29	383,60

Rédigez un court commentaire sur chacun des fournisseurs.

PAPER COPY est le moins cher quelque soit l'article malgré les frais de port, de plus les délais de livraison sont de 48 heures.

L'ÉCRITOIRE ne propose pas de prix pour 5 ramettes, ce qui pénalise ce fournisseur, de toute façon plus cher que les deux autres pour tous les articles. Par ailleurs, le papier à en-tête n'est pas référencé.

VICKING DIRECT peut être une alternative à Paper'copy dans le cas de commande article par article, en effet dans ce cas, avec le port de Paper'copy demeurerait plus cher que ce fournisseur qui livre franco de port. Toutefois les délais de livraison sont plus longs.

BARÈME **/6**

Annexe R4

	A	B	C	D	E	F	G	H	I	J	K	L	M
1	TABLEAU DE COMPARAISON DES OFFRES												
2	FOURNISSEUR	ARTICLE	CONDITION-NEMENT	UNITE DE VENTE	QTE A CDER	MONTANT BRUT UNITAIRE HT	% REMISE	MONTANT NET UNITAIRE HT	% ESCOMPTE	NET UNITAIRE HT	NET GLOBAL HT	TRANSPORT	DELAI DE LIVRAISON
3								=f3-f3*g3/100		=h3-h3*I3/100	=e3*j3		
4													
5													
6													
7													

BARÈME /4

2. La présentation de ce tableau est à améliorer. Reliez les modifications souhaitées aux commandes à utiliser correspondantes.

COMMENT…?	
Changer l'orientation du tableau	J 1
Centrer les titres de colonnes en largeur du tableau.	2 N
Centrer le titre du tableau dans la largeur.	C 3
Les titres de colonne doivent être présentés sur deux lignes.	4 Q
Supprimer les numéros de ligne et les en-tête de colonne.	I 5
Préciser «tableau comparatif» en pied de page.	D 6
Augmenter la hauteur de ligne.	E 7
Agrandir les colonnes.	G 8
À la fin du tableau, faire un saut de page.	B 9
Griser les cellules.	O 10
À la place de «Feuil1», noter le nom du tableau.	K 11
Ajouter deux feuilles au classeur.	F 12
Ajuster les colonnes.	G 13
Supprimer une ligne.	P 14
Ajouter une colonne.	H 15
Les marges doivent être réduites.	L 16

COMMANDES À UTILISER	
INSERTION/LIGNE	A
INSERTION/SAUT	B
FORMAT/CELLULE/ALIGNEMENT/ CENTRER SUR PLUSIEURS COLONNES	C
AFFICHAGE/ EN TÊTE ET PIED DE PAGE	D
FORMAT/CELLULE/LIGNE/HAUTEUR	E
INSERTION/FEUILLE	F
FORMAT/CELLULE/COLONNE/LARGEUR	G
INSERTION/COLONNE	H
FICHIER MISE EN PAGE/FEUILLE/ décocher la case EN TÊTE DE LIGNE ET DE COLONNE	I
FICHIER/MISE EN PAGE/PAGE/ cocher la case PAYSAGE	J
cliquer droit sur FEUIL1/RENOMMER	K
FICHIER/MISE EN PAGE/MARGES	L
FORMAT/CELLULE/BORDURE	M
FORMAT/CELLULE/ALIGNEMENT/ HORIZONTAL/CENTRE	N
FORMAT/CELLULE/MOTIF	O
ÉDITION/SUPPRIMER	P
FORMAT/CELLULE/ALIGNEMENT/ RENVOYER À LA LIGNE AUTOMATIQUEMENT	Q

BARÈME **/20**

Retirer 1 point pour toute erreur de liaison.

CONTRÔLE 3

Beautiful Kitchen

Beautiful Kitchen

ZAC Rhonyl – Route de Châlons
69000 LYON

ACTIVITÉ : Vente de cuisines et biens d'équipements pour la maison.
DIRECTION DU MAGASIN : Jean-Jacques SOLNESS.
DIRECTION COMMERCIALE : Théo DAIMURAN.

RAISON SOCIALE : BEAUTIFUL KITCHEN
SA au capital social de 185 000 €.

• DOSSIER A

TRAVAIL À FAIRE
Planifiez, dans la liste de contrôle (annexe R1), l'ensemble des actions que vous devez réaliser en dix jours.

• DOSSIER B

TRAVAIL À FAIRE
Complétez le planigramme de l'annexe R2, après avoir étudié les informations notées sur l'agenda (annexe B1) et les consignes de M. Daimuran (annexe B2).

• DOSSIER C

TRAVAIL À FAIRE
Transformez la lettre de l'annexe C1 en lettre type sur l'annexe R3.

Annexe ***R1***

LA LISTE DE CONTRÔLE		
LISTE DES TÂCHES	DATE PRÉVUE	DATE DE RÉALISATION
1. Commander par télécopie les 2 meubles bas de la cuisine de Mme Ricaud.	3 juin	
2. Mettre à jour le planigramme des installations pour le mois de juin.	3	
3. Contacter le fournisseur Abey pour la demande de confirmation de livraison.	3	
4. Saisir le devis de Mme Brémond.	4	
5. Préparer le devis de M. et Mme Engheinem.	4	
6. Envoyer la lettre recommandée à M. et Mme François.	4	
7. Téléphoner à Mme Théron...	5	
8. Remettre le plan de la cuisine à M. et Mme Palat, qui doivent venir vendredi prochain...	7	
9. Aller à la banque.	7	
10. Contrôler la facture de M. Mandrin.	7	
11. Vérifier la réception des marchandises.	7	
12. Régler la facture du fournisseur Bonami.	10	
13. Ranger les plaques de faïence...	10	
14. Signaler par télécopie au fournisseur Gineste...	11	
15. Saisir les tarifs des quatre nouveaux modèles.	11	
16. Ranger une quinzaine de dossiers clients.	12	
17. Passer commande par Internet, des fournitures de bureau chez Vicking.	12	

BARÈME /10

– Accepter tout ordre logique sinon –2 pour l'ensemble.
Par exemple, l'élève doit mettre le planigramme des installations à jour avant de passer commande des fournitures de bureau, etc.
– Exiger la date du 3 juin ainsi que celle du 12 ou 13 juin (10 jours après) sinon –2 pour l'ensemble.
– Pénaliser les dates de la colonne « date de réalisation » par – 2 pour l'ensemble.
– Retirer 1 point sur la note si la liste de contrôle comorte des ratures.

Annexe R2

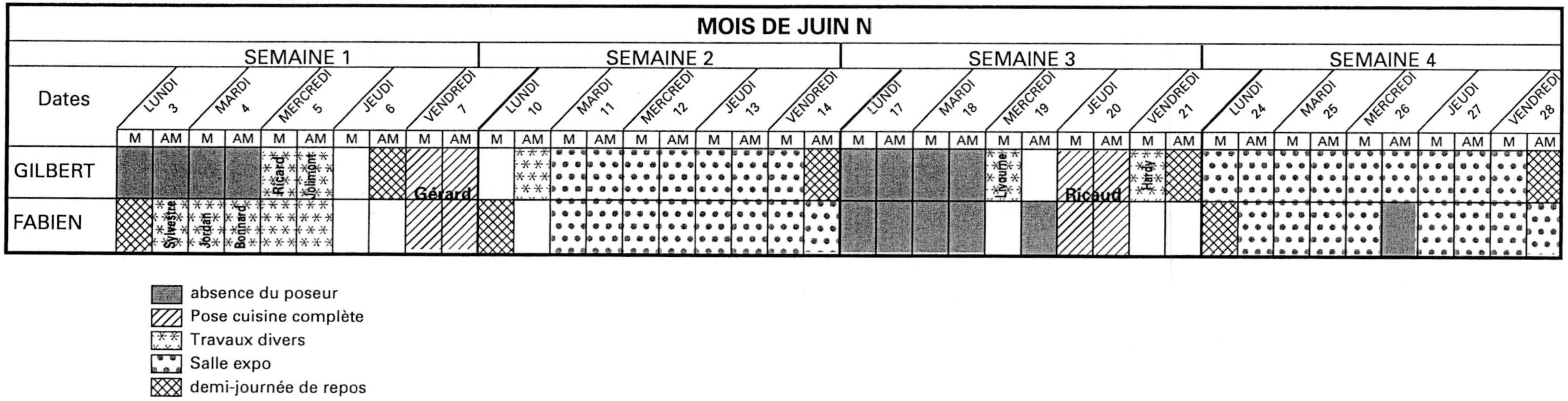

MOIS DE JUIN N
SEMAINE 1
SEMAINE 2
SEMAINE 3
SEMAINE 4
Dates
LUNDI 3
MARDI 4
MERCREDI 5
JEUDI 6
VENDREDI 7
LUNDI 10
MARDI 11
MERCREDI 12
JEUDI 13
VENDREDI 14
LUNDI 17
MARDI 18
MERCREDI 19
JEUDI 20
VENDREDI 21
LUNDI 24
MARDI 25
MERCREDI 26
JEUDI 27
VENDREDI 28
M
AM
GILBERT
FABIEN
Ricard
Jolimont
Gérard
Livaume
Ricaud
Hardy
Sylvestre
Jordan
Bonnard
absence du poseur
Pose cuisine complète
Travaux divers
Salle expo
demi-journée de repos

Beautiful Kitchen

ZAC Rhonyl – Route de Châlons
69000 LYON
Tél. 03 54 58 89 99 – Fax : 03 54 56 56 58

***Annexe* R3**

« TITRE » **« NOM »** **« PRENOM »**

« ADRESSE »

« CP » **« VILLE »**

Vos réf :
« REF »
Nos réf :
BKIT 325
Objet :
« LITIGE »

Lyon,
le **« DATE1 »**

PJ – Ann. :
« DOC »

« TITRE »,

Nous constatons que notre relance téléphonique du **« DATE2 »** est restée sans effet. Nous vous rappelions notre facture n° **« NUM »** du **« DATE3 »** pour laquelle il ressort un solde en notre faveur d'un montant de **« SOMMECHIFFRE »** € (**« SOMMELETTRE »**).

Nous sommes persuadés qu'il s'agit d'un simple oubli de votre part et comptons recevoir votre règlement dans les meilleurs délais.

Nous vous précisons qu'aucune facilité de paiement n'est prévue dans le contrat et que la somme due est payable en une seule fois (50 % du montant à la commande, 50 % du solde à la livraison).

Notre entreprise a pour principe de majorer tout retard de 30 jours par une pénalité égale à 10 % du montant de la dette. Procédure qui n'a pas été appliquée pour le premier incident.

Au cas où votre règlement nous parviendrait aujourd'hui, veuillez ne pas tenir compte de ce courrier.

Veuillez agréer, **« TITRE »**, nos salutations distinguées.

Le Chef du Service Commercial,

T. DAIMURAN

CONTRÔLE 4

Les Jardins fleuris

LES JARDINS FLEURIS

ZI Florimont – 71 rue de la Crêperie
25600 SOCHAUX

ACTIVITÉ : Culture et vente aux particuliers de plantes vertes et fleuries.

DIRECTION DU MAGASIN : Marc SERAFIN.

DIRECTION COMMERCIALE : Francis LECLERC.

RAISON SOCIALE : LES JARDINS FLEURIS
SARL au capital social de 15 000 €.

• DOSSIER A

TRAVAIL À FAIRE

Après avoir lu l'annexe A1 et en tenant compte des indications complémentaires que vous donne M. Sérafin concernant les modifications survenues depuis quatre ans dans l'organisation de l'entreprise, vous concevrez, sur l'annexe R1, l'organigramme de l'entreprise Les Jardins fleuris.

• DOSSIER B

TRAVAIL À FAIRE

Vous rédigerez une lettre type sur l'annexe R2.

Annexe ***R1***

ORGANIGRAMME DU PERSONNEL DE L'ENTREPRISE

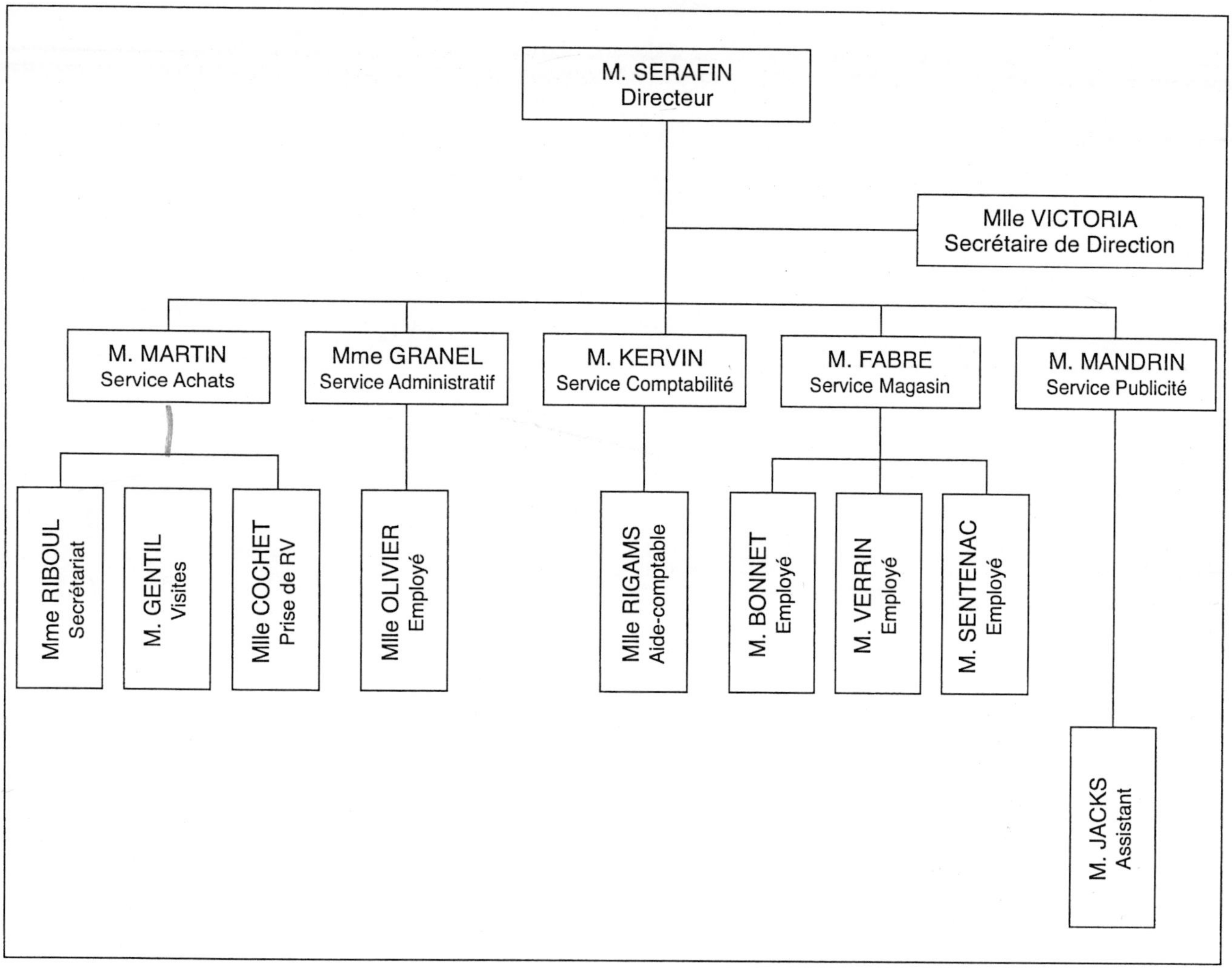

BARÈME
ORGANIGRAMME /10

IMPORTANT : préciser aux élèves que la direction commerciale est un «pôle» important dans l'entreprise «Les Jardins fleuris». Sur l'organigramme en bannière, elle n'a pas été représentée.

- les cartouches doivent être de grandeur et de hauteur identiques – 2 pour l'ensemble
- le nom et la fonction doivent apparaître dans chaque cartouche – 2 pour l'ensemble
- pénaliser toute erreur (niveau, personnel, modification) – 3 pour l'ensemble
- schéma incorrect, traits entre les niveaux mal dessinés – 3 pour l'ensemble

LES JARDINS FLEURIS

Annexe **R2**

ZI Florimont – 71 rue de la Crêperie
25600 SOCHAUX

«TITRE» «NOM» «PRÉNOM»

«ADRESSE»[1]

«CP» «VILLE»

Vos réf. :
«REF»
Nos réf. :
JF
Objet :
V/Commande du «DATE1»

Sochaux,
le «DATE»

«TITRE»,

Nous vous remercions de votre commande n° «NUM» du «DATE2».

Veuillez noter le code personnel «CODE» qui vous permettra de vous connecter sur notre site sécurisé «SITE», afin de contrôler le contenu de votre ordre et prendre connaissance du montant global. Vous pourrez à ce moment-là, effectuer votre réglement par carte bancaire.

Nous veillerons à ce que votre commande soit traitée avec le plus grand soin.

Utilisateur(trice) chevronné(e) d'Internet, vous possédez de multiples avantages en ce qui concerne :

- la *commande* : pas de risque de perte ou de retard dans l'acheminement du courrier,
- le *contenu* : vous êtes informé(e) immédiatement de la disponibilité des articles en stock ou du délai d'approvisionnement,
- la *livraison* : sous 48 heures dès réception de votre réglement.

Nous restons à votre entière disposition pour tout renseignement éventuel.

Veuillez croire, «TITRE», à nos sentiments les plus dévoués.

Le Directeur Commercial,

Francis Leclerc

1. Ce sont des clients. Nous détenons donc leurs adresses dans le fichier clients.

BARÈME
LETTRE TYPE /20

NB : l'élève doit faire référence au sujet donné et aux trois e-mails reçus des clients.

LES MENTIONS VARIABLES :

• titre, nom, prénom, adresse, CP, ville	1 si toutes les mentions sont précisées, entre guillemets
• « DATE1 » de la commande en objet	0,5 point
• titre de civilité au début de la lettre........................	0,5 point
• « NUM » et « DATE2 »	1 point
• « CODE » et « SITE »	1 point

IDÉES ESSENTIELLES À DÉVELOPPER :

• remercier de la commande n° ... du	0,5 point
• indiquer le code et rassurer sur le site qui est sécurisé	1 point
• demander le réglement par carte bancaire	0,5 point
• préciser que le meilleur soin sera apporté à la préparation........................	0,5 point
• démontrer les avantages d'une commande par Internet........................	1 point

• insister sur le fait que la livraison rapide aura lieu après réception du réglement... 0,5 point
• informer que la société reste à la disposition du client pour d'éventuels renseignements... 0,5 point
• formule de politesse « sentiments dévoués » ou « sentiments les meilleurs »... 0,5 point

Qualité du signataire du courrier........................ Nom du signataire du courrier	0,5 point pour les deux mentions

PRÉSENTATION :

• paragraphes non matérialisés........................	– 2
• fautes de style	– 1 à – 3 selon la gravité de la faute
• fautes d'orthographe........................	– 0,5 par faute et sans limite

CONTRÔLE 5

Paris Immobilier

Paris Immobilier 25 boulevard Lafayette 75010 Paris	Spécialisé dans la location d'appartements à Paris et dans la région parisienne, Paris Immobilier compte une dizaine d'agences, dont celle située 25 boulevard Lafayette à Paris dirigée par M. Jean-Jacques Vérin.

• Dossier A

TRAVAIL À FAIRE

Après avoir pris connaissance des annexes A1 et A2, rédigez une note de service sur l'annexe R1.

• Dossier B

TRAVAIL À FAIRE

En vous aidant des annexes B1, B2 et B3, vous compléterez le bail destiné à M. et Mme Bellamy (annexe R2).

• Dossier C (informatique)

TRAVAIL À FAIRE

En vous aidant des copies d'écran (annexe C1) pour répondre aux questions posées, vous compléterez l'annexe R3.

Annexe **R1**

LA DIRECTION

le 19 janvier N

Objet : Modifications des horaires d'ouverture
et consignes à respecter dans l'organisation du travail.

NOTE DE SERVICE N° ......

Notre Président Directeur Général, M. Philippe Guérant, souhaite harmoniser les conditions de travail et les horaires d'ouverture dans chaque agence, à partir du *1er février* prochain.

HORAIRES D'OUVERTURE :

De 9 à 19 h tous les jours
Sauf dimanches et jours fériés

CONSIGNES À RESPECTER :

1. Les appartements classés par superficie, seront repérés sur la base de données ; un jour et une heure précis seront déterminés pour la visite.
2. L'ordre de passage des visiteurs sera planifié.
3. Le client intéressé bénéficiera d'un délai de réflexion d'une demi-journée avant de prendre un engagement.
4. Le visiteur intéressé devra passer à l'agence pour verser un acompte d'un montant égal à 150,00 € (somme qui sera déduite du montant de son 1er loyer).
5. Au plus tard 8 jours après la réservation, le bail sera rédigé et le versement du montant de la caution exigé.
6. Le rendez-vous prévu pour l'état des lieux doit être fixé avant la date d'entrée dans l'appartement des nouveaux locataires.
7. Supprimer l'appartement loué du fichier.

Toutes les agences sont invitées à prendre connaissance des nouvelles dispositions à compter de la date mentionnée ci-dessus.

M. VÉRIN

À l'ensemble du personnel.

BARÈME /20

Remarque :

- *M. Guérant est le dirigeant de Paris Immobilier, qui est une « chaîne » de locations d'appartements dans Paris et la proche banlieue.*
- *La note de service est demandée par le responsable d'une des agences, M. Vérin.*

Mentions obligatoires :

– Émetteur .... /0,5
– date (ville inutile dans une note de service) .... /1
– destinataires .... /0,5
– objet .... /1
– nom du signataire de la note .... /1
– titre du document .... /1

Rédaction de la note :

– style impersonnel exigé .... /2
– introduction : rappel du souhait de M. Guérant .... /1
Mise en application le 1er février .... /1
– développement : deux paragraphes
1. horaires d'ouverture et jours .... /2
2. conditions
- liste des appartements .... /1
- planification de l'ordre de passage .... /1
- délai de réflexion pour le client .... /1
- règlement de l'acompte de réservation .... /1
- rédaction du bail et versement de la caution .... /1
- état des lieux .... /1
- mise à jour du fichier des appartements .... /1
– conclusion : rappeler la date d'application de ces dispositions .... /2

***Pénaliser :* retirer des points à chacune de ces erreurs**

– le titre de civilité .... – 1
– la signature de la note .... – 1
– pièces jointes si l'élève les a mentionnées .... – 1
– le nom de l'entreprise suivi de Direction générale ou siège social .... – 1
– la présentation (oubli des marges gauche et droite, pas d'énumération des nouvelles conditions…) .... – 2
– les fautes d'orthographe .... – 0,5/faute
– le style incorrect .... – 3/l'ensemble
– l'emploi d'un vocabulaire familier .... – 2/l'ensemble

BAIL

ENTRE LES SOUSSIGNÉS :

1° *M. Vérin – Paris Immobilier, 25 boulevard Lafayette – 75010 PARIS*

d'une part, le bailleur,

2° *M. et Mme BELLAMY Philippe* *4 place aux Herbes 69004 LYON*

d'autre part, le preneur

IL A ÉTÉ CONVENU CE QUI SUIT :

Paris Immobilier loue à *M. et Mme Bellamy Philippe*
qui accepte les locaux ~~*MEUBLÉS*~~[1] - NON MEUBLÉS[1] ci-après désignés,
dépendant d'un immeuble sis à :
3 rue du Square – 75005 PARIS.

DESCRIPTION : *F2 de 57 m² ; non meublé, comprenant une kitchenette avec petit coin salon ; une salle de bains et un WC, au 5e étage avec ascenseur.*

DURÉE : La présente location est consentie et acceptée pour une durée de six mois à compter du *1er février* renouvelable ensuite par tacite reconduction et par période de six mois faute de congé préalable.
Le congé de location devra être signifié de part et d'autre par lettre recommandée avec accusé de réception, en prévenant l'autre partie *2* mois avant l'échéance du bail, soit au plus tard le *1er juin.*

PRÉAVIS : Dans les cas où le logement ne serait pas libéré de tout occupant à la date fixée par le préavis, le bail sera obligatoirement reconduit pour une durée au moins égale à celle du préavis, soit minimum *2 mois.*
Par ailleurs, tout mois commencé sera dû intégralement.

CONGÉ : Dans le cas où le logement ne serait pas libéré de tout occupant à la date fixée par le congé, le loyer devenu indemnité d'occupation sera majoré de 25 %, à compter du jour suivant la date d'expiration du congé et jusqu'à l'établissement de l'état des lieux de sortie avec remise des clefs du bailleur consécutif au départ effectif du ou des occupants.
Par ailleurs, tout mois commencé **sera dû intégralement** sur la base ci-dessus.

LOYER : La présente location est consentie et acceptée moyennant un loyer mensuel de ***999,00 € (neuf cent quatre-vingt-dix-neuf euros)*** payable à terme à échoir le ***1er*** de chaque mois quelle que soit la date de réception de l'avis d'échéance ; au-delà du *5* de chaque mois et sans mise en demeure ni lettre de rappel, les prestations seront majorées d'intérêts au taux de 15 %.

CHARGES ET TAXES : Le preneur devra régler au bailleur, les quote-parts des charges locatives incombant définitivement ou par provision au titre des lieux loués.
Ce règlement se fera par voie de réajustement sur présentation des décomptes trimestriels de charges établis par le syndic de l'immeuble au terme de chaque année civile et en fin de bail.

RÉVISIONS (Art. 15) : Le loyer sera indexé annuellement à l'expiration de chaque année du contrat automatiquement et sans préavis, en fonction de l'indice national du coût de la construction publié par l'INSEE.

CONDITIONS GÉNÉRALES : En outre, la présente location est faite et acceptée sous les conditions suivantes :
- d'habiter bourgeoisement et non autrement l'appartement loué par les présentes;
- de rendre les locaux à la fin de la location en bon état de réparations locatives, réparations qui devront être faites avant le départ du locataire, sous peine de retenue de leur montant sur le montant du dépôt de garantie;
- d'user paisiblement de la chose louée suivant la destination qui lui a été donnée par le contrat de location;
- de satisfaire aux charges de ville et de police dont les locataires sont ordinairement tenus, et notamment de justifier au propriétaire du paiement des contributions personnelles et mobilières;
- de ne pouvoir céder son droit à la présente location ou sous-louer en totalité ou en partie sans le consentement écrit du bailleur;

- de ne pouvoir non plus, sans son consentement, faire aucune modification ni changement dans la disposition des lieux ;
- de ne souffrir l'exécution des grosses réparations ou tous autres travaux qui pourraient être nécessaires ou utiles, sans pouvoir réclamer aucune indemnité, quelle qu'en soit la durée ;
- le preneur sera tenu de se garantir contre les explosions, les incendies, les dégâts des eaux et, en général contre les risques dont il doit répondre en sa qualité de locataire, par une assurance suffisante, contractée auprès d'une compagnie française notoirement solvable. Il devra justifier de cette assurance et du paiement des primes à toutes réquisitions du bailleur par production de la police et des quittances ;
- le preneur devra faire ramoner à ses frais par le fumiste du propriétaire, deux fois par an, dont au moins une fois pendant la période d'utilisation, les conduits de fumée habituellement en fonctionnement ;
- le preneur ne pourra mettre aux fenêtres et balcons, ni fleurs, ni linge, ni autres objets. Il devra veiller à ne pas laisser écouler d'eau qui puisse retomber sur les étages inférieurs. Il ne pourra avoir dans les lieux aucun animal autre que familier et à la seule condition que ledit animal ne cause aucun dégât à l'immeuble ni aucun trouble de jouissance à ses occupants ;
- il ne devra déposer ni laisser séjourner dans les locaux communs tels que vestibules, cours, escaliers, paliers, couloirs, aucun objet, notamment meubles, colis, bicyclettes, voitures d'enfants ;
- le preneur ne pourra exercer aucun recours contre le bailleur, en cas de vol ou dégradation dans les lieux loués ;
- s'il existe un règlement intérieur, le preneur et sa famille devront s'y conformer ; ils devront également, le cas échéant, se conformer au règlement de copropriété et, en conséquence, satisfaire aux observations et injonctions du syndic ;
- enfin de rembourser au propriétaire tous les impôts et charges diverses de toute nature,mis actuellement à la charge de celui-ci ainsi que ceux qui pourraient l'être dans l'avenir ;
- le preneur devra acquitter pendant toute la durée de la location, le coût des consommations d'eau, gaz, électricité, et téléphone lui incombant, ainsi que la location des compteurs et appareils s'il y a lieu.

Dans le cas où le preneur serait constitué par plusieurs personnes, ces dernières restent solidaires du paiement des loyers, charges et indemnités diverses ; ils ne pourront se prévaloir d'un quelconque bénéfice de discussion et de division. Les sommes, éventuellement dues pourront être recouvrées en totalité auprès de chacune des personnes constituant « le preneur ».

GARANTIE : À titre de garantie de l'entière exécution des conditions ci-dessus, le preneur a présentement payé à titre de dépôt de garantie la somme de ***1 952,00 € (mille neuf cent cinquante-deux euros)*** représentant deux mois de loyer hors charges.
Ces sommes non productrices d'intérêts seront remboursées au preneur après déduction, s'il y a lieu, des réparations locatives et des frais de remplacement ou de remise en état des objets ou meubles manquants ou détériorés dans un délai de deux mois à compter du jour de la restitution des locaux. La quote-part du dépôt de garantie représentant deux mois de loyer sera réindexée au même titre que le loyer de manière à rester équivalent aux deux mois de loyer.

CLAUSE RÉSOLUTOIRE : À défaut de paiement intégral d'un seul terme de loyer à son échéance, ou en cas d'inexécution constatée d'une des clauses des conditions du présent engagement, et 8 jours après une simple mise en demeure restée sans effet, la présente location sera résiliée de plein droit si bon semble au propriétaire.
Celui-ci pourra alors récupérer le logement au moyen du double des clés de l'appartement dont il dispose.
Les éventuelles affaires restant dans l'appartement seront consignées par le propriétaire et remis au locataire après paiement par ce dernier des éventuels loyers restant dus augmentés des frais de contentieux, des frais de consigne et des éventuels frais de remise en état.
Le preneur paiera les frais des présentes, les droits et les droits d'enregistrement, s'il y a lieu.

Fait et signé à Paris, le ***30 janvier***, en deux originaux, dont un a été remis à la partie qui le reconnaît.[1]

1. Rayer la mention inutile.

LE BAILLEUR

LE PRENEUR

Faire précéder la signature de la mention manuscrite « Lu et approuvé »

1. La date du bail précisée est le jour où les futurs locataires ont rendez-vous à l'agence.

BARÈME BAIL D'HABITATION /10

Cet imprimé ne présente aucune difficulté pour le compléter
Retirer 2 points par mentions absente ou erronée.

BARÈME BASE DE DONNÉES /10

Question 1 .... /1 + 1
- ouverture de la base
- utilisation de la table « locations » et création de champs

Question 2 .... /1
- 15 enregistrements

Question 3 .... /1
- non

Question 4 .... /1
- clé primaire (ne pas accepter un autre nom)

Question 5 .... /1
- explication succincte

Question 6 .... /1
- tri des données

Question 7 .... /1
- modification de structure

Question 8 .... /1
- suppression d'un enregistrement

Question 9 .... /1
- édition de la liste des studios

Annexe R3

1. Énoncez brièvement la procédure qui permet de concevoir la table intitulée « DÉTAILS ».
Ouvrir la base dans laquelle sont enregistrées deux tables : locations et détails.
Les références ont été recopiées de la table « locations » et les autres champs ont été créés et complétés.
2. Combien d'enregistrements comptez-vous dans cette table ? *15 enregistrements.*
3. Le numéro (1re colonne) a-t-il été défini par l'opérateur ? ☐ Oui ☒ Non
4. Sous Access, il porte un nom : lequel ? *La clé primaire.*
5. Expliquez-en son existence brièvement.
La clé primaire (appelée Numéro Auto) dans le logiciel, permet de numéroter chaque enregistrement et de les repérer lors des éventuelles recherches ou classements. Cette clé primaire ne peut être modifiée. En cas de suppression d'un enregistrement, le numéro de clé primaire disparaît aussi.
6. Le responsable du service pense qu'il serait plus judicieux de ranger les références dans l'ordre croissant. Quelle manipulation effectuez-vous ?
Pour ranger les références dans l'ordre croissant, il faut les sélectionner et activer la commande ENREGISTREMENT TRIER Ordre croissant.
7. Il faut rajouter une colonne à la fin de la table « LOCATIONS », qui s'intitulera « LOCATION HC », quelle(s) commande(s) activez-vous ?
Cliquer sur l'icône de modification pour se trouver dans la structure. Se positionner après le dernier champ et saisir « locations HC ». Compléter ensuite le type de données et les propriétés.
8. Le studio référencé 40213 a été loué. Il faut le supprimer. Comment allez-vous procéder ?
Je sélectionne cet enregistrement en pointant la souris sur la gauche de l'enregistrement en question. Lorsque la fiche est sélectionnée, j'active SUPPR en cliquant droit sur la souris. Un message me demande de confirmer : je clique sur « oui ».
9. Votre supérieur vous demande d'éditer la liste des studios. Quelle(s) commande(s) activez-vous ?
ENREGISTREMENT Filtre Filtre/tri avancé.

CONTRÔLE 6

Papeterie messine

Papeterie messine

64 rue des Clers
57000 METZ
Tél : 03 87 89 78 52
Fax : 03 87 87 77 55

ACTIVITÉ : Vente aux particuliers d'articles de papeterie et de bureau.

DIRECTION : Marcel SUNE.

GÉRANT : Jean-Michel GABARRE.

RAISON SOCIALE : Papeterie messine, SARL au capital social de 25 000 €.

• DOSSIER A

TRAVAIL À FAIRE

Après avoir pris connaissance des consignes de M. Gabarre (annexe A1) et de la documentation sur le HL Printor 3000, vous présenterez, sur l'annexe R1, le mode opératoire de cet appareil.

• DOSSIER B

TRAVAIL À FAIRE

1. **À l'aide des bons d'entrée et de sortie (annexe B1) de l'article référencé 81235B – Papier Copy blanc 80 g pour imprimante ou photocopieur –, complétez la fiche de stock (annexe R2).** ***(Le stock se chiffrait à 154 unités au 30 novembre.)***
2. **À l'aide de l'annexe B2, complétez le planigramme de gestion de stocks des différentes catégories de papier (annexe R3).** ***Attention, tous les documents sont utiles.***

Annexe **R1**

MODE OPÉRATOIRE

HL Printor 3000

DÉMARRAGE DU PROCESSUS DE COPIE À PARTIR DE HL Printor 3000

➢ Charger le papier dans le bac d'entrée.
➢ Poser l'original sur le verre, au-dessus de l'appareil.
➢ Programmer le nombre de copies (appuyer sur les flèches de direction jusqu'à ce que le bon nombre apparaisse).
➢ Appuyer sur «envoi» en «noir» ou en «couleur».

1. *Réduction/agrandissement d'une copie*

➢ À partir du panneau avant :

Appuyer sur **Copie Créative**
Faire défiler les flèches avant et arrière
Appuyer sur **Entrée** pour sélectionner le format désiré
Appuyer sur **Envoie Copie** en noir ou en couleur

2. *Plus clair/plus foncé*

➢ À partir du panneau avant :

Appuyer plusieurs fois sur **Menu** jusqu'à ce que Configuration Copie s'affiche
Appuyer sur Entrée pour le sélectionner
Activer la flèche vers la droite jusqu'à ce que Plus clair/Plus foncé s'affiche
Appuyer sur **Entrée** pour le sélectionner
Utiliser les flèches avant ou arrière pour éclaircir ou assombrir
Appuyer sur **Entrée** pour confirmer ce choix
Appuyer sur **Envoie Copie** en noir ou en couleur

3. *Décalage des marges gauche et droite*

➢ À partir du panneau avant :

Appuyer plusieurs fois sur **Menu** jusqu'à ce que Configuration Copie s'affiche
Appuyer sur **Entrée** pour sélectionner l'option
Appuyer sur la flèche à droite jusqu'à ce que «décalage marge apparaisse»
Appuyer sur **Entrée** pour sélectionner l'option
Procéder au réglage à l'aide des flèches avant et arrière
Appuyer sur **Envoie Copie** en noir ou en couleur

4. *Réalisation de travaux de copie spéciaux*

➢ À partir du panneau avant :

Appuyer sur **Copie Créative** jusqu'à ce que «Ajusté à page» s'affiche
Appuyer sur **Entrée** pour imprimer plusieurs copies sur une page
Utiliser **Copie Créative** pour créer des copies multiples de votre original sur la même page

➢ À partir du panneau avant :

Appuyer plusieurs fois sur **Copie Créative** jusqu'à ce que la taille désirée s'affiche
Appuyer sur **Entrée**
Programmer le nombre d'images souhaité par pages
Appuyer sur **Entrée**
Appuyer sur **Envoie Copie** en noir ou en couleur

BARÈME /20

Cet exercice peut paraître long au vu des documents à lire; mais il n'est demandé que le mode opératoire pour la réalisation des photocopies à partir de l'imprimante HL Printor 3000.

L'élève doit être attentif lors de la lecture du sujet et ne sélectionner dans l'annexe A2 que la première partie. Il doit faire abstraction de « À partir de l'ordinateur ».

Un mode opératoire est un résumé précis et rapide à lire et à comprendre des consignes à effectuer pour l'utilisation de cet appareil.

PRÉSENTATION .... /5

– si ratures,
– si fautes d'orthographe,
– si présentation brouillon
retirer chaque fois jusqu'à 2 points

CONTENU

– titre général (nom de l'appareil) .... 2 points
– titre secondaire (démarrage du processus de copie à partir de HP 750) ....1 point
– sous-titres
  • réduction/agrandissement .... 1 point
  • plus clair/plus foncé .... 1 point
  • décalage des marges gauche et droite .... 1 point
  • réalisation de travaux de copie spéciaux... 1 point
– contenu des sous-titres (manipulation à effectuer) .... 2 points pour chacun

Retirer 1 point chaque fois qu'une manipulation a été oubliée ou lorsque l'èxplication est rédigée longuement.

Annexe **R2**

Papeterie messine
64 rue des Clers
57000 METZ

FICHE DE STOCK

Réf. : 81235B
Stock minimum : 120
Stock maximum : 420

Date	N° bon	Nature	Entrée	Sortie	Stock
30/11					154
04/12	29	SORTIE		30	124
04/12	30	SORTIE		12	112
05/12	14	ENTRÉE	85		197
06/12	31	SORTIE		45	152
06/12	15	ENTRÉE	120		272
08/12	32	SORTIE		90	182
08/12	33	SORTIE		25	157
09/12	34	SORTIE		5	152
10/12	16	ENTRÉE	205		357
10/12	17	ENTRÉE	55		412
13/12	35	SORTIE		150	262
13/12	36	SORTIE		75	187
14/12	18	ENTRÉE	250		437
14/12	37	SORTIE		52	385
14/12	38	SORTIE		35	350
15/12	19	ENTRÉE	185		535
19/12	39	SORTIE		123	412
21/12	40	SORTIE		215	197

BARÈME /10

L'élève pourra concevoir cette fiche de stock à l'aide du logiciel Excel selon les disponibilités de la salle de travaux professionnels.

À défaut, il complétera le document et calculera les entrées et les sorties.

Le stock minimum et le *stock maximum* sont précisés sur l'annexe B2. *Le total du stock au 21/12 est également indiqué.*

- attribuer $^1/_2$ point pour l'en-tête du document (référence, stock minimum et stock maximum) si l'élève a commis une erreur ou n'a pas complété, *retirer $^1/_2$ point* par mention
- attribuer $^1/_2$ point par ligne exacte

toute erreur sur une ligne entraînera la suppression du point.

Annexe R3

PLANIGRAMME STOCK PAPETERIE *(extrait)* PAPIER BLANC IMPRIMANTE ET PHOTOCOPIEUR

PÉRIODE	DÉCEMBRE N																					
	1	2	3	4	5	6	7	8	9	10	11	12	13	14	15	16	17	18	19	20	21	22
QUANTITÉS	20	40	60	80	100	120	140	160	180	200	220	240	260	280	300	320	340	360	380	400	420	440
45689K				✪	● * □		◊						▽									
55698G						✪										□		◊				
74100F							□	✪		● *									▽		◊	
75455A					✪			◊ □														
81235B						✪				□											◊	
81237B							✪ □	● *												◊▽		

LÉGENDE:

✪ Stock minimum.
● Date de la dernière commande.
◊ Stock maximum.
▽ Date de livraison prévue.
▒ Dimanches.
* Quantité commandée.
□ Quantités en stock.

BARÈME /10

Ce planigramme est particulier et demande *de l'attention de la part des élèves*. Il doit réfléchir à la façon de le tenir à jour.

➢ La première ligne indiquant la période n'est utile que pour la représentation de :
 • «**la date de livraison prévue**» ; • la «**date de la dernière commande**».

On pourra ainsi visualiser le jour que nous sommes et si la commande a été livrée à la date voulue, sinon, il faudra relancer le fournisseur.

➢ La deuxième ligne indique les quantités et sera utile pour la représentation : du **stock minimum**, du **stock maximum**, de **la quantité commandée**, de **la quantité des articles en stock**.

L'élève connaît toutes ces notions de stock, date de commande, date de livraison et doit être capable de compléter ce document après avoir réfléchi.

– attribuer 1 point $^1/_2$ par ligne de référence exacte, sinon 0
– NE PAS ACCEPTER L'ABSENCE D'UN ÉLÉMENT (stock mini ou maxi, les dates, la quantité en stock et commandée)
– attribuer 1 point pour la représentation de la planification
– NE PAS ACCEPTER DE RATURES.

CONTRÔLE 7

Déco'Meubles

DÉCO'MEUBLES 126 route de Sète ZAC Montimaran 34000 MONTPELLIER Tél. : 04 67 89 95 96 Fax : 04 67 95 52 20	ACTIVITÉ : Vente aux particuliers de meubles et d'articles de décoration. DIRECTION : Michel Bennoti. SOUS-DIRECTION : Annie Lanfrey RAISON SOCIALE : Déco'Meubles, SA au capital de 95 000 €.

• DOSSIER A

TRAVAIL À FAIRE

1. À partir des annexes A1, A2, A3 et A4, concevez une table de décision sur l'annexe R1.
2. Établissez la facture de Mme Anne REVEL sur l'annexe R2.
3. Rédigez un courrier d'accompagnement à la facture (annexe R3).

• DOSSIER B

TRAVAIL À FAIRE

1. À partir de l'annexe B1, concevez un tableau sur l'annexe R4 qui permettra de visualiser les six nouveaux articles vendus dans l'année N-1. Dans ce tableau, devront apparaître les références, le nom de l'article, le chiffre d'affaires trimestriel et annuel par article et par période.
2. Réalisez un graphique (permettant de visualiser au mieux les ventes par trimestre des différents articles) sur l'annexe R5.
3. Rédigez un bref commentaire au-dessous du graphique (quatre ou cinq lignes maximum).

Annexe R1

TABLE DE DÉCISION

Client nouveau	O	N	N	N
Client occasionnel	N	O	N	N
Client régulier	N	N	O	O
Règlement immédiat	X	X		X
Paiement 3 ou 4 fois			X	
Cadeau soliflore			X	X
Remise 1 %			X	
Remise 5 %				X

BARÈME /06

Il est demandé aux élèves de prendre connaissance des documents A1, A2, A3 et A4 de manière à se mettre le sujet en tête. Cependant, seuls les documents ***A1 et A4*** seront utiles à la conception de la table de décision.

– Attribuer 1,5 point par colonne exacte.

Annexe R2

BARÈME /14

Il s'agit d'une fidèle cliente. Ne pas oublier de lui attribuer son cadeau : le soliflore.

- n° facture 0,5
- date 0,5
- références clients 1,0
- date de la commande 0,5
- échéance règlement 1,0
- coordonnées du client 0,5

- attribuer 1 point par ligne exacte

- mention du cadeau 1

- montant TVA à 19,60 % 2
- montant remise 1
- Total HT 1
- Total TTC 1

Ne pas pénaliser si le total est faux mais correspond « aux erreurs » des lignes précédentes.
Si le total est incohérent avec les calculs précédents, ne pas hésiter à pénaliser.

+ 1 point pour la présentation.

Ne pas pénaliser l'absence de réponse dans la case « en votre aimable règlement »

Facture n° 587

Date : 2 janvier N
Références client : 410326
Date commande : 24/12/N–1
Échéance règlement : 10/01/N

Madame Anne REVEL
37 route des Plages
34250 PALAVAS-LES-FLOTS

Références	Désignation	Quantité	Prix Unitaire	Montant €
845B	Bahut style campagnard	1	824,03	824,03
1026	Vases bulle	2	29,67	59,34
4478	Assiette à suspendre	1	11,50	11,50
6523	Coupe ronde	1	14,01	14,01
	CADEAU : 1 VASE SOLIFLORE			

HT 863,44
TVA 169,23

TOTAL HT	908,88
Remise 5 %	45,44
TVA 19,6 %	169,23
TOTAL TTC	1 032,67
En votre aimable règlement	1 032,67

Mode de règlement : chèque

Conditions générales de vente : Aucun escompte accordé en cas de paiement comptant.
En cas de retard de paiement, application d'une pénalité à deux fois le taux de l'intérêt en vigueur.

DÉCO'MEUBLES
126 route de Sète - ZAC Montimaran - 34000 MONTPELLIER
Tél. 04 67 89 95 96 - Fax 04 67 95 52 20

Annexe **R3**

DÉCO'MEUBLES
126 route de Sète – ZAC Montimaran
34000 MONTPELLIER
Tél. : 04 67 89 95 96
Fax : 04 67 95 52 20

Madame Anne REVEL

37 route des Plages

34250 PALAVAS-LES-FLOTS

Objet :
Vos achats du 24 décembre N-1

Montpellier,
le 2 janvier N

PJ – Ann. :
1 facture

Madame,

Nous vous remercions de votre fidélité et des achats que vous avez effectués le 24 décembre N–1.

Vous trouverez, ci-joint, la facture n° 587 de ce jour correspondant à ces achats, d'un montant de 1 032,67 € TTC, à régler par chèque bancaire ou postal.

Toujours soucieux de satisfaire notre clientèle, nous venons d'ouvrir un site internet dont nous avons le plaisir de vous communiquer l'adresse : « http:/www.déco.meubles/wanadoo.fr ».

Vous pourrez désormais consulter la liste et les prix de tous nos articles et les commander de chez vous en les réglant par carte bancaire (paiement sécurisé).

Nous restons à votre disposition, et vous adressons, Madame, nos sentiments les plus dévoués.

Le Chef de Service,

Mme LANFREY

BARÈME /15

EN-TÊTE
- coordonnées complètes du destinataire .... /0,5
- objet .... /1
- PJ .... /1
- Ville de départ et date de départ de la lettre .... /0,5

RÉDACTION
- titre de civilité .... /1
- évoquer la visite et remercier de la fidélité .... /1
- indiquer le document joint : n°, articles, montant .... /1
- annoncer l'ouverture du site Internet .... /1
- citer le nom du site .... /1
- énumérer les avantages d'avoir créé le site .... /1
- rester à la disposition du client .... /1
- formule de politesse .... /1

PRÉSENTATION GÉNÉRALE DU COURRIER
- respect de la norme .... /1
- paragraphes bien déterminés .... /1
- mentions mal positionnées (signataire dans le même alignement que le destinataire) /1

(Barème soustractif)

Par faute de style, de rédaction ou de syntaxe, pénaliser jusqu'à –3 selon la gravité de l'erreur.
Pour l'orthographe, pénaliser –0,5 par faute (sans limite).
Lettre signée par l'élève .... –1

Annexe ***R4***

TABLEAU DU CHIFFRE D'AFFAIRES DE L'ANNÉE N-1
VENTES (année N–1)

Réf.	Désignation	Trimestre 1	Trimestre 2	Trimestre 3	Trimestre 4	CA Total
1026	Vase bulle	1 968	3 287	401	2 974	8 630
5142	Coupe ovale	1 788	3 662	1 018	3 100	9 568
7845	Chemin de table	923	3 428	444	3 433	8 228
8956	Bougeoirs	1 542	2 511	703	3 610	8 366
6523	Coupe ronde	1 356	3 424	821	2 517	8 118
3000	Vases coniques	1 038	2 007	1 084	2 185	6 314
	CA	8 615	18 319	4 471	17 819	49 224

Annexe ***R5***

GRAPHIQUE ET COMMENTAIRE

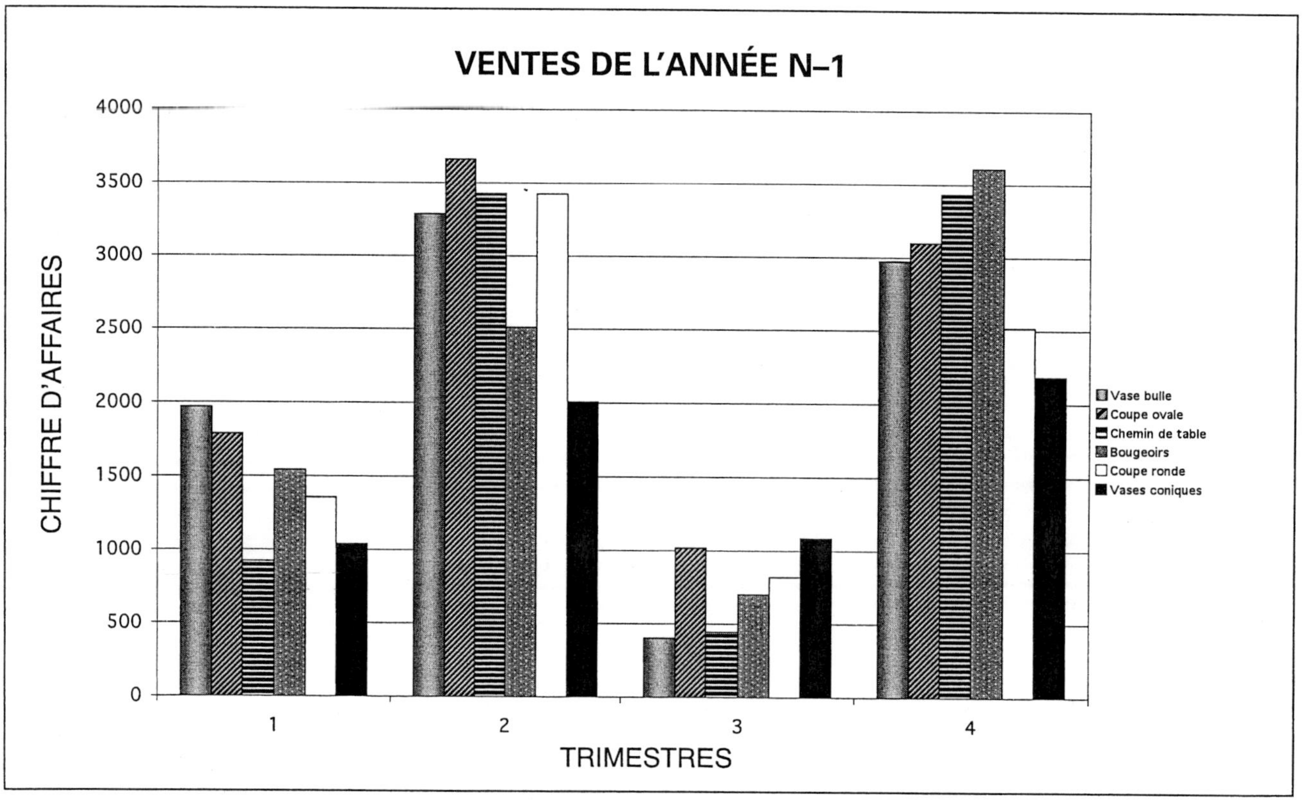

Commentaire :

On constate que le 2e trimestre et le 4e sont, pour tous les articles, ceux où sont réalisés les meilleures ventes. Les deux autres trimestres sont nettement moins bons, surtout le 3e.

BARÈME DU TABLEAU /10

Conception générale du tableau

- titre .... /1
- 7 colonnes .... /2
- 5 colonnes égales (trimestre 1 à 4 + CA Total)......................... /1

Calculs

- trimestre 1 .... /1
- trimestre 2 .... /1
- trimestre 3 .... /1
- trimestre 4 .... /1
- CA Total .... /1
- CA Trimestriel .... /1

BARÈME DU GRAPHIQUE /5

- Titre .... /1
- Abscisse .... /1
- Ordonnée .... /1
- Légende .... /1
- Représentation soignée .... /1

BARÈME DU COMMENTAIRE /5

L'élève doit noter que les 2e et 4e trimestres sont ceux des meilleures ventes. Que le 1er est nettement moins bon, que le 3e est très faible par rapport aux autres.

CONTRÔLE 8

Cabinet d'avocats Masgry Associés

Cabinet d'avocats
MASGRY ASSOCIÉS

192 rue Saint-Rome
69000 LYON
Tél. : 04 72 89 95 96
Fax : 04 72 95 52 20

Ce cabinet compte six avocats associés et trois secrétaires.

• Dossier A

TRAVAIL À FAIRE
Après avoir lu l'annexe A1, rédigez une note de synthèse sur l'annexe R1.

• Dossier B

TRAVAIL À FAIRE
Réalisez le tableau (annexe R2) qui permet de calculer le coût global HT et le coût unitaire HT.

Annexe **R1** **BARÈME /10**

NOTE DE SYNTHÈSE

NOTE DE SYNTHÈSE À l'attention de M. Masgry — le 1er mars N

L'ARCHIVAGE ÉLECTRONIQUE

L'archivage permet la conservation durable des données dans le but de les réutiliser ultérieurement. L'entreprise peut choisir le mode d'archivage interne ou externe mais ce dernier nécessite un contrat spécifique.

1. Quelques questions préalables

a) *Le motif*
- pourquoi archiver ? impératif pratique ou obligation légale ?
- quelle utilisation future ?
- par qui aura lieu l'exploitation des données ? une ou plusieurs entreprises ?
- est-ce que les données peuvent constituer un moyen de preuve ?

b) *La nature et le volume des données à archiver*
Il est impératif de définir exactement la nature et la quantité des données à archiver.

c) *La durée d'archivage des données*
Plus la durée est longue, plus le coût est élevé. La durée de conservation dépend de la catégorie d'archives, des contraintes légales en matière fiscale ou sociale.

d) *La consultation et la restitution des données archivées*

2. Les obligations du tiers archiveur

a) *La protection des données archivées*
Elles doivent se trouver dans un local ignifugé. Un contrôle d'accès doit être mis en place.

b) *Les conditions de production et de conservation des données archivées*
Elles doivent être restituées en l'état conforme à l'original.

c) *La confidentialité et la protection des données personnelles*
Elle est entièrement garantie par le tiers archiveur.

d) *La sous-traitance*
Cela est possible, mais des garanties sérieuses doivent être mises en place.

e) *La restitution des données archivées*
Les données archivées doivent pouvoir être restituées en cas de cessation d'activité par exemple. Toutefois, une autorisation doit être fournie afin d'utiliser une autre méthode d'archivage ou un transfert auprès d'un autre tiers archiveur.

f) *La définition du niveau de service*
Il est fait référence à l'ensemble des normes NF pour stocker et restituer les données électroniques.

3. Les obligations de l'entreprise donneur d'ordre

a) *Le contrôle des procédures d'archivage et d'accès aux données archivées*
Il incombe à l'entreprise d'autoriser un strict contrôle des interventions sur les archives

b) *Le contrôle du contenu des données archivées*
L'entreprise assure le contrôle du contenu des données archivées, conformément à celles initialement fournies.

4. La responsabilité

Le tiers archiveur doit souscrire une police d'assurance couvrant certains risques susceptibles d'entraîner la perte de données qui lui sont confiées.
Il n'est en aucun responsable des pertes ou des détériorations.

La mission d'archivage est clairement définie dans le contrat d'archivage. Elle regroupe l'ensemble des besoins de l'entreprise en matière de confidentialité et de sécurité des données.

Annexe ***R2*** **BARÈME /10**

CALCUL DU COÛT DES PAGES DE PROTECTION DES DOSSIERS CLIENTS

ÉLÉMENTS	CALCUL	TOTAL
FRAIS DE PERSONNEL		
Secrétaire	7,05*2,92 (2 h 55)	20,59
TOTAL		20,59
MATÉRIEL-AMORTISSEMENT		
Micro-ordinateur	2 485,62/2,5/1100*0,67	0,60
Imprimante	356,11/2/1100*0,67	0,11
TOTAL		0,71
FOURNITURES		
Papier	265,5*2 + 332,80*2	1 196,60
Divers	98,99	98,99
Photocopies	0,015*2000	30,00
TOTAL		1 325,59
TOTAL DES 2 000 DOSSIERS	1 346,89	
TOTAL UNITAIRE	**1 346,89/2000**	**0,67**

EXPLICATIONS RELATIVES AU CALCUL DU COÛT DES PAGES DE GARDE DES DOSSIERS

1. FRAIS DE PERSONNEL

La secrétaire gagne 7,05 € brut par heure.

La secrétaire travaille pour les 2000 exemplaires :

* saisie	18 min	2 h 55 min
* correction	22 min	
* photocopies des 2 000 exemplaires	2 h 15 min	

On transforme 2h55 min en temps décimalisé (55/60) pour le calcul: **2,92**

d'où le calcul suivant : 7,05*2,92 = 20,59 €

LES FRAIS DE PERSONNEL POUR L'ENTREPRISE S'ÉLÈVENT À 20,59 €

2. LE MATÉRIEL – L'AMORTISSEMENT

a) Le prix du micro-ordinateur est de 2485,62 €. Il est amorti en deux ans et demi (30 mois) :
2 485,62/2,5
Il est utilisé 1 100 heures dans l'année :
2 485,62/2,5/1100 = coût horaire

b) Le prix de l'imprimante est de 356,11 €. Elle est amortie en deux ans :
356,11/2
Elle est utilisée 1 100 h dans l'année :
356,11/2/1100 = coût horaire

c) Le matériel (micro, imprimante, logiciel) est utilisé pour les 2 000 exemplaires
– pour la saisie des rubriques .... 18 min
– pour la correction et la disposition .... 22 min } 40 min

On transforme 40 minutes en temps décimalisé (40/60) pour le calcul : **0,67**

d'où le calcul suivant pour le micro-ordinateur par exemple :
2 485,62/2,5/1 100*0,67 = 0,60 €
Les calculs se pratiquent de la même façon pour l'imprimante.

3. LES FOURNITURES

a) Le papier :
Les 1 000 feuilles blanches coûtent 265,50 HT
Il faut 1 000 × 2 = 2 000 feuilles donc 265,50 × 2 = 531,00 €
Les 1 000 feuilles couleur coûtent 332,80 HT
Il faut 1 000 × 2 = 2 000 feuilles donc 332,80 × 2 = 665,60 €

b) Les photocopies :
Une photocopie revient à 0,015 €
donc, pour 2 000 exemplaires : 0,015*2 000 = 30,00 €

Pour le total HT des 2 000 exemplaires :
Additionner :
– les frais de personnel 20,59
– le matériel - l'amortissement... 0,71
– les fournitures 1 325,59

d'où le total 1 346,89 €.

Ce total doit être divisé par 2 000 exemplaires, pour trouver le coût pour un dossier
1 346,89/2 000 = 0,67 € HT pour une page de garde couleur et une page verso blanche.

Achevé d'imprimer par TREFLE COMMUNICATION.

Imprimé en France